붉은 꽈리의 방

국립중앙도서관 출판예정도서목록(CIP)

붉은 꽈리의 방 : 김지요 시집 / 지은이: 김지요. -- 대전 :
지혜 : 애지, 2016
p. ; cm. -- (지혜사랑 ; 154)

ISBN 979-11-5728-204-3 03810 : ₩9000

한국 현대시[韓國現代詩]

811.7-KDC6
895.715-DDC23 CIP2016022370

지혜사랑 154

붉은 꽈리의 방

김지요

지혜

시인의 말

술래였는데
눈을 뜨고 보니 아무도 없던 저녁처럼,
설명할 수 없는 마음이 되었다
설명되어질 수 없는 것들을 쓰고
또 지웠다

그림자가 길어졌다
고요하고 쓸쓸한 대답이 이미 무릎 위에
당도해 있는 것 같다

2016년 가을
김지요

차례

2부

3부

4부

• 일러두기

한 연이 첫 번째 행에서 시작될 때는 > 로 표시합니다.

1부

저물녘

아버지는 언제부턴가
저녁상을 물리고 나면 뒤란으로 걸어갔다
처음엔 아버지가 싸리꽃을 좋아하시던지
달이 지나가는 구름을 잡아두고 얘기하는 것을
몰래 들으시는가 했다
어둠이 성큼 마당을 기웃거릴 때
가을비 속에 뒤란에 서 있는 나를 발견했다
잔잔한 빗줄기가 오리나무를
성글게 빗질하는 모습이 보였다
얼레빗은 수그린 머리와
잔등을 쓸어내리며
네 사는 건 어떤가 묻는 것이었다
나무는 잔기침을 하며 오소소 떨 뿐이었다
외등으로는 낡아 허물어지는 담벼락을
타고 오르는 어둠을, 물리치지 못했으므로
저물어간다는 것이 왠지 두려웠고
내 얘길 들어 줄 사람이 필요했다
마음이 텅 비어버려서
아무 생각 없는 생각을 했다

싸리나무는 내 그림자 위에
붉게붉게 꽃을 토해내고 달그림자는

세상과 화해하지 못한
늙은 나무를 오래 바라보았다

물메기를 읽다

내 몸의 물기가 마르는 날이 있을까
생각한 적이 있다
퉁퉁 붓게 울고 나서도
누수의 출처를 찾지 못했다
물주머니처럼 흐느적거리며
물의 나라에서 나고 자란 태생을 탓할 뿐이었다
어느 날 내장이 비워진 채
베란다 난간에 내어 말려졌다
공중의 거처엔 잠이 없었다
혼자였다
그리고 혼자였다
밤이면 어둠에 푹푹 잠겼다
날것으로 요동치는 바람을 이기지 못해
한동안 허공에 마음을 두었다
가시 하나 없는 섬모를 가진 보자기가
나를 받아 안을 것만 같았다
아슬한 추락의 탄성彈性이 나를 붙들었다
아가미에 꿰어진 끈 놓지 않으려
한 방울의 눈물도 버렸다
뼈대만 남은 말라비틀어진
한 마디의 말言이 되고 있었다
칠흑 같은 밤들을

간단없이 건너온 순례기를 몸으로 쓰는 중이다

허공에 뜬 탁본은
아가미 속으로 울음을
삼켜본 자만이 읽을 수 있다

여우를 피하는 방법

한 고개를 넘어도 여우가 있네
두 고개를 넘어도 여우가 있네
놀이가 끝나지 않았어
이상한 나라의 앨리스처럼 두려웠지
밤이면 누군가 성냥을 그으며 속삭였어
도망가고 싶다면
도마뱀처럼 꼬리를 자르렴
그래 더 깊은 곳으로 기어 들어갔지
꼬리를 자르고도 새로 돋을
목숨이 내겐 없었어
엄마가 돌아오지 않는 밤,
거추장스러운 줄기를 뻗어가는
늙은 감자가 되어갔어
쭈그리고 앉아 여우가
내게 찾아오길 기다렸어
잠잔다, 밥 먹는다, 무슨 반찬
어느 순간 여우가 두렵지 않았어
거꾸로 된 문장들을 읽어 내리며
마지막 성냥을 그었어
보이는 건
발에 차이는 돌멩이들

>

거기가 어디냐구?
엄마의 지문이 묻어 있기도
할머니의 지린내가 배어있기도 한
돌무더기가 가득한 고개 말이야

곶자왈*에서 보낸 나날

곶자왈의 나무들
돌을 뚫고 뿌리를 내리네
저 깊은 곳에 두레박을 보내
마른 바람소리로
물길을 부르곤 하지
때론 나도 곶자왈의 날들을 만나곤 해
가새풀 같은 시간들이
젖은 흙을 찾아 헤매지
지나쳐왔던 주소들이
내 푸석한 발자국을 그려내고 있지
어떤 방들은 오래 문을 걸고 있어
곰팡이 꽃을 피우기도 해
돌아누운 많은 밤의 흔적들이
뿌리에 생채기를 내곤 하지
거미줄을 만들어본 적 없는 장님거미처럼
더듬거리며 바위를 타고 오를 뿐이야
차가운, 말이 없는, 그림자뿐인
바위의 굽은 등을 안아주는 거야
엉클어지고 버려진 마음의 길들이
숲을 이루는 거야

겨울바람이 길게 울면

돌투성이 땅 곶자왈에 가고 싶네
아무도 들이지 못하는 그대, 마음을 뚫고 일어서는

* 곶자왈 : 암석위로 나무와 풀들이 마구 엉클어져 뿌리를 내린 숲(제주도 방언).

비행非行, 혹은 飛行

담 위에 선 닭을 보면 담 너머가 궁금하다

언제부터 날기 시작했을까
담장을 딛고 날아올라 곧 들키고야 말
비행의 흥분을 궁구했을 터

굼뜬 내 걸음걸이 어디에도 비행의 흔적은 없다
스스로를 사육하게 된 이후 날개를 잊었다
非行을 즐길 때 飛行은 가능한 것일까
학교를 무단결석, 회사를 무단결근할 때
내겐 숨겨진 날개가 있었다

저항은 바람을 뚫는 부력을 갖게 한다
공중 아니면 바닥
외줄 위의 어름산이처럼 부채를 흔들던
아니 날개를 퍼덕이던 사람들
명화 기숙이 그리고 아버지
그들이 '날았다'고 믿는다
넘어야 할 담이 있는 자에게는 비행이 필요하다
있는 힘을 다해 '너머'를 읽으려는 결의
순간적 황홀에만 몰입했다간
벼랑 끝에 매달려 살아야 한다

>

마루에 앉아 웃자라는 발톱을 깎던 오후
담장 아래 날리는 갈기털을 보던 나는
겨드랑이가 근질거리기 시작했다
새가 아니란 걸 모르는 수탉 한 마리
부르르 날개를 떨 때
불현듯 내 안의 퇴화된 날개가 홰를 친다
날자 날자 날아보자꾸나 새처럼

붉은 울음이 낭자하다

병病

내게 내민 몸과 말이
온전한 향기로 공간을 채운다

어느 순간
서로의 헌데를 맞대고
짓무르고 있다
주황의 멀미가 더디게 지나간다
너무 가까워서 네가 만져지지 않아
거짓말처럼 푸른곰팡이가 찾아온다
썩어질 수 있어 다행이다
옮겨갈 수 있는 길을 찾았다

싸늘한 십이월의 베란다
잊혀진 귤상자 안에서
내가 네게로
멍든다

괄호의 변명

누군가 제목을 정하지 못한
시를 가지고 왔다
이름하여 (　)댁 이야기
어떤 이름으로 불러주어야
괄호를 벗을 수 있을까
의견이 분분했는데
괄호댁, 괄호댁 하다보니
입에 딱 붙는다

내 이야기, 네 이야기 같아서
손이라도 잡아주고 싶은
그러나 무릎을 칠만 한 무언가가 빠져
괄호로 남을 수밖에 없는
괄호댁 이야기

어디서 봤더라
정말로 기억나지 않는다는
눈길과 마주칠 때
괄호는 말한다
누가 들어앉아도 무리가 없는
지나칠 순 있으되
건너 뛸 순 없는 괄호,

파격과 반전 사이에 끼어
움츠리고 있는 괄호를 발견하거든
다만 검은 봉지처럼 대하지는 마시기를
어디에나 쓰이지만
뻔한 내용물이 담긴 듯한.

물고기를 잡는 여자

계림의 이강에 가면
고기 잡는 가마우지가 있다
허름한 뗏목을 타고
강물을 거슬러 가다 가마우지를 날려보낸다
오래된 습성으로 물고기를 물어오는 가마우지
주인은 목의 중간을 묶어 두고
가마우지가 넘기지 못한
물고기를 끄집어 낸다

어머니가 긴 강물을 타고 내려가는
모습이 보인다
오래전 저녁마다 돌아앉아
무언가를 토해내던 검은 가마우지
삼켜지지 않는 무엇을
아무도 모르게 두 손바닥에 받아내고
아침이면 다시 먹이를 나르던,
어머니가 차려 준 아침 밥상에는
물새의 울음이 들리곤 했다

강물에 어둠이 내린다
가마우지 발가락이 시리다

봄날을 훔치다

무슨 일이 일어날 것만 같은 봄날이었지
담배연기로 먼 봄날의 한 순간을 불러냈어

담배를 나눠 피자는 여자의 눈짓을 따라갔을 뿐이라네
꽃구름이 일던 배나무 사이로 들어갔어
우릴 훔쳐보는 보름달의 숨소리가 들렸어
담배에 불을 붙이는 순간 그녀가 나의 팔을 당겼지
순간 짓이겨진 배꽃의 가장 비밀스러운 속살에 닿을 수 있었어
봄밤이었고, 봄밤이었고

눈을 빛내며 여자가 말했어
나무 아래서 일어나는 일은 다 똑같지 않아요?
꽃피는 시절에 뻔한 일 아니겠어요
심드렁했던 남자의 얼굴에 꽃그늘이 일렁이는 것을 보고 만거지
장지문에 침 발라 구멍을 내는 아이같은 표정으로
여자는 기억의 어깨너머를 기웃거렸어

뻔한 일 조차 일어날 기미가 보이지 않는 봄날
벌이 날아와 주긴 애초에 그른 것 같던 늙은 배나무에
온갖 금지어들을 매달고 꽃들은 피고 있어

담배연기에 화답하듯 배꽃 향기가 두근두근 날아오고 있어

무슨 일인가 벌여야만 할 것 같은 봄날이야
황홀한 나락으로 떨어지자고 소곤거리는 것만 같아서
봄바람에도 흠칫 돌아보게 되는,

연리지

젊은 날
남자가 여자에게 물었다
왜 자꾸 돌아눕느냐고
여자가 말했다
당신을 제대로 보기 위해서라고

고장난 시계가
멈춘 시간을 가리킨다
시든 부추를 다듬다가
깍지벌레가 창궐한 화초를
어쩌지도 못하고 바라본다
서로에게 무언가를 묻는다
볼륨을 높인 티브이 속으로
대답들이 사라진다
조금씩 귀가 멀어 간다

기나긴 동상이몽

서로를 놓지 못한 채
생각한다 무언가를
무엇도 아닌 것을
하 염 없 時

마루를 읽다

토방에 한 발 올라설 때마다
마음은 한 발 내려섰다
대숲에 이는 바람 소리와
배고픈 고양이의 그림자가 지나갔다
먼지가 시간보다 빨리 닿는
그곳을 자꾸만 닦으라던 어머니
닦아도 세월을 비껴갈 수 없었다

걸레질을 하노라면 잠잠해진
물웅덩이처럼 나무의 안이 잘 보였다
실금을 긋고 지나간 상처들
그것들의 균열이 몸으로 옮겨와서
나도 모르게 무릎을 꿇었다
음각된 많은 날들의 일몰을 읽는다
할머니가 앉았다 간다
어머니가 봉숭아 씨앗을 두고 간다
저 먼곳에서 부르는 목소리
밥묵어라 그만 놀고,
끝나지 않을 이야기들이 무릎걸음으로 지나간다
옻칠도 광택도 다 지워진 물레의 민낯에 엎드린다
내 무릎이 물레*보다 빨리 닳았으면 좋겠다
엉금엉금 그 깊은 나이테 속으로

기어간다

어디에도 내가 없다

* 마루의 전라도 방언.

독

장독대 쪽으로 돌아갈 때면
알 수 없는 냄새가 발을 붙들었다
한 개의 항아리에 시선이 머물고
컴컴한 그 안이 궁금해졌다
뚜껑을 여는 손이 떨렸다
어디선가 목소리가 들려왔다

대체 니 속엔 뭐가 들어있니
입을 꾹 다물 때마다 종주먹을 대던 얼굴들

확, 뚜껑을 열자
살집 오른 벌레들이 우글거렸다
지독한 냄새가 집어삼킬 듯 뛰쳐나왔다
잊혀진 항아리는
毒을 키웠다
씻고 또 씻어도
흔적은 온몸에 오래 남았다

독한 것
울지 않을 때마다 누군가 뒤통수에 대고 말했다

비로소 비워 낸 항아리

콸콸 머리를 풀어헤친 울음이
마당 한가득이다

밤이면 장독들 사이
오래 울어 독이 된 아이가 있다
저마다의 화농을 키우느라
볼룩해진 항아리들

모음의 시간

어머니가 오물오물 감을 드시네
숟가락으로 파낸 다디단 과육이
말캉하게 만져질 것 같네

이 대신 남은 잇몸으로
입안의 것들을 다독이고 만져주네

날선 것들이 무장해제하는
모음의 시간, 미간과 볼의 주름 사이로
단물이 스며 나오네

모진 쭉정이 같은 저녁을
오래오래 저작咀嚼하시네

속을 파내고 나니
동그란 거죽만 남았네
애벌레가 된 내가
울음덩이가 된 내가 어머니 속으로 파고드네
가장 평안한 거죽으로 나를 보듬으시네

밥을 위한 고단한 노동이 끝나고
틀니마저 내려놓은 어머니의 한끼는
고요하고 경건하네

염소는 내 말을 모르고

1

한옥 카페 뒤뜰에 매인 염소의 머루눈 자꾸 눈에 밟히네

주인장은 뜨거운 햇살 사위고 나면 예쁜 흑염소를 수라상에 상재하시겠다네 철모르는 염소 천진난만 고개를 주억거리네 가을바람이 불면 배고픈 식솔들 불러모아 배부르게 한 번 놀아보겠다는 쥔장의 말을 뒷발질로 툭 걷어차네 집 없이 묶여있는 네가 자유 하냐 집이 버거워 골방쥐처럼 쏘다니는 내가 자유하냐 흰소리나 하다가 고놈이 가진 한 평 풀밭, 대청을 지나 코를 간질이는 바람을 야금야금 머리에 굴려보네

밥벌이 아닌 일에 부산한 남정네가 소유권을 양도하였다는 염소 한 마리 쫑긋한 두 귀는 풀벌레 소리나 코스모스 옆구리 휘는 소리밖에 몰라 세상의 말은 들리지 않아 물색없는 널 보니 배가 부르네

놈의 뿔로 확 받아버리고 싶네 지금 내 앞에 있는 지랄 맞은 오늘,

>

2
염소는 어디로 갔을까

옆집 아주머니가 붙들어 두었다 할 때 주인장은 득달같이 달려가야 했다 누군가와 말을 하는 사이 잠시 한눈 파는 사이 염소도 한눈을 팔고야 말았다 바람이 나고야 말았다 배시시 입꼬리를 올리며 웃던 코스모스가 유력한 용의자 정분이 난 둘은 잠자리에게 풍경 좋은 데이트 코스를 묻다가 그 다음은 다만, 놈이 코를 벌름거릴 때부터 알아보았다 바람의 냄새를 알아버린 것들은 엉덩이를 붙이고 못 있다는 것을

뿔난 염소처럼 겅중거리는 저 바람 환장할 가을

거미의 수화手話

잠긴 방문을 열면
묵처럼 굳어가는 어둠을 발견하지
거미 한 마리가 숨을 죽이며 엎드려있어
바람이라곤 없었던
햇살의 뒤꿈치도 닿지 않았던 곳
벽들은 습한 기운들로 주린 배를 채우지

그 빈방의 문고리를 쥘 때마다
멈칫거리게 돼
손에 잡힐 것 같은 울음
울컥 오르던 것들이 혼잣말이 되고
공허한 메아리마저 묵음이 되는 시간이면
더듬거리며 자신을 읽는
거미의 수화가 보일 것도 같아

문이, 마음이
오래 닫혀있던 사람에게서
흘러나오는 가는 한숨 소리
날개를 가진 것들의
내장을 발라먹고 나서야 쓰여지는
거미의 점자點字
마르고 긴 다리가 바스락

거미줄에 걸린 눈물 한 방울까지
다 어두워졌네

모란꽃살문

선암사 원통전 모란꽃살문에
봄이 오네요
조계산 능선이 가려운 듯
깊은 잠을 털어내면
꽃살문 속의 새가 청명을 쪼아대네요
달그락, 문틀이 흔들리며 모란이 열려요
향기 없는 시간 앞에
잠시 걸음을 멈추네요
햇봄의 햇살은
나도 모르게 목이 메어요
사각사각 모란꽃을 조각하던
옛사람 지그시 웃네요
묻고 싶어져요
울고 있는 바리공주가 보이는지
이곳은 거친 바다예요
가시밭길에서 나무를 해요, 불씨 없는 불을 때고 있어요
가위눌린 꿈이어요, 다시 돌아갈게요
물을 길어 밥을 지을게요
조금만 기다려요, 아주 조금만
한해살이 꽃이라도
한철 흐드러지게 피고 싶어요

>

탁한 세상은
승선교를 지나도 머리를 떠나지 않아요
바람이 불어요
잠시만 기다려요 풍화하는 시간 속으로
봄을 건너갈게요

2부

냄비 손잡이에 관한 보고서

끼니를 때울 땐 라면이 제격이고
라면은 양은냄비에, 냄비 손잡이는
숟가락을 이용해야 전문가의 격이 느껴지지 않는가
양은냄비 손잡이를 숟가락을 이용해
들어 올릴 때는 몇 가지 불문율이 있다네
숟가락을 쥐고 있는 손의 힘 조절은 필수지
너무 세게 냄비를 들어 올리면 단박에 평형감각이 깨지고 말지
냄비 속의 라면국물이 술렁이고
손잡이는 상대를 얕잡아 보게 마련이야
숟가락의 기울기 또한 지나칠 순 없지
지렛대와 같은 완급 조절이 필요해
숟가락이 턱 없이 깊게 들어가면 헛손질만 하게 된다네
손잡이에 휘둘리는 날에는 다 끓인 라면을 엎기 일쑤
바닥에 풀어헤쳐진 라면을 주워 담는 일이란
누구에게나 굴욕적이지

변검술에 능한 生의 손잡이를 다룰 때는
모든 경우의 수를 생각하며 살아야 하지
그럼에도 무릎을 꿇게 하는 변수를
만날 수 있다는 걸 잊지 말기를
뜨거운 손잡이를 맨손으로 잡는 실수는 더더욱 없기를,
수없이 물집이 자리 잡았던 손으로 쓰는

손잡이의 주도권에 대한 방법론
지극히 개인적인 견해라네

어머니, 꽃밭에 들다

어머니는 요즘 꽃 보는 재미로 산다
매화를 심고 난초를 심고
점에 십 원씩 하는 화투판에서 사계절을 보낸다
꽃놀이, 단풍놀이 다 하고
이천구백오십 원이 남았으니
남는 장사라며 웃는다

할매들은 군용담요 위 펼쳐진
화투짝만큼 걸판진 농을 주고받는다
비오는 날 임도 기다려보고
고운 모란꽃이었던 적 있었는디
인제는 공산명월이여
애꿎은 흑싸리 껍데기를 툭 던진다
정작 숨기고 싶은 패는 보여주지 않는다
남은 것을 다 건 듯이
십원 때문에 열꽃이 피어 눈을 흘긴다
무를 수도 없기에
한 번쯤 손을 털고 일어나는 일은
누구에게나 벌어지는 일

해진 담요 안에 족히 담아질 만큼
소소한 꽃밭이 저문다

한바탕 놀음이 끝난 할매들이
틀니를 드러내며 웃는다 화투짝처럼 뒤집어진다
목단 매조만 꽃이랑가
할매들 얼굴마다 자글자글 주름꽃
진경에 든다

무명氏는 부재중

수면제를 먹고 또 하루가 오기를 기다렸다
시간을 죽이는 법은 참으로 간단했다
누군가 드문드문 현관에 인기척을 두고 갔다
야쿠르트 아줌마거나, 관리비 독촉장이거나

재수가 썩 좋은 하루였다*
그날은 쿵쿵 문을 두드리는 소리가 들렸다
밀린 관리비 때문이라는 것을 알았다면
툭 건드려진 공벌레처럼 잠시 죽은 척 했을지도 모른다
팔 개월 이나 그가 죽은 척 하는 줄만 알았다
그는 더 이상 시간의 숨통을 누르지 않아도 되었다

창을 비집고 들어 온 봄햇살이 읽어내는
삶의 기록은 간결하고도 진부했다
전형적인 孤獨死의 풍경
널브러진 이불과 벽에 기댄 소주병
전원이 꺼지지 않은 티브이
재떨이 안에 허리가 구겨지거나
거꾸로 처박힌 담배 꽁초들
기대했던 절규의 흔적은 어디에도 없었다
구석에 뒤집어진 채 누운 공벌레처럼
미동없는 시간의 주검을

거친 발길이 툭 차고 지나갔다

* '이반 데니소비치의 하루'에서 빌려 옴.

나비, 사랑을 쓰다

주홍부전나비가 금잔화에 앉아 사랑을 켜고 있어
꿀을 탐하려는 게 아니야 떨리는 구애의 몸짓이지
날개를 당겼다 펼칠 때마다 새어나오는 바이올린의 음률
사랑의 한 소절을 위한 집중
바람도 숨을 멈추지
숨막히는 고요에 흠칫 날아오르다 돌아온 나비
모가지가 꺾여 버려진 금잔화를, 나비는 떠나지 못해
죽음과 情事는 황홀한 동의어
몸만 남은 사랑을 향한 수천 번의 날갯짓
미완일 수밖에 없는 허무를
온몸이 활인 듯 켜고 있어

밀랍의 날개를 가진 나비가 사라지는 것을 본 것도 같아
불붙는 노을 속으로

이른봄 애호랑나비*의 연애사

수태낭에 빗장을 걸고 떠난
수컷을 기다리는 나비목 호랑나비과 김봉순 여사
아주 낮게 날거나 모습조차 잘 보이지 않는 수컷나비

애호랑나비는 봄내 족두리꽃 위에 앉아
시집오던 날을 끄덕끄덕 떠올리곤 하지
빗장이 걸린 몸은 얼마나 어두웠을까
마음의 그늘은 시간을 거꾸로 감네
이른봄 애호랑나비는 날개를 접고 애벌레가 되네
더 이상 허공 위의 만남을 꿈꾸지 않아
누에처럼 연신 오물거리던 입
야금야금 기억을 먹어치우고 배부른 누에가 되어가지
툇마루에 앉아 골골이 주름을 만들며 졸기만 하네
연애의 부스러기조차 남지 않은 얼굴로
봄날의 햇살까지 먹어 치우는

* 이른봄 애호랑나비 : 교미 후에 수컷이 암컷의 수태낭을 봉인한다.

그 죽일 놈의 사랑

느닷없이 내 귓불에 키스하기까지
미련하게도 놈의 존재조차 몰랐어
섬광 같은 키스였지
몸서리를 치며 뿌리쳤어
볏이 선 맨드라미처럼 달아올라서는
잠을 이룰 수가 없었어
머릿속은 이미 놈이 점령해 버렸지
예기치 못한 신열로 사랑이 찾아온다면
자네라면 어쩌겠나
난 빨리 날이 새길 바랐어
비겁함은 조바심으로 바뀌었지
毒한 놈의 이름을 되뇌며
봉숭아 씨방처럼 부푼 귀를 붙들고
잠을 이루지 못했어
짧아서 더욱 강렬했던
그 순간을 결코 잊지 못할 거야
도무지 아무 생각도 할 수 없는 전율

그러니까 내 말은
하필 그놈 일게 뭐냐구
감나무 밭에서부터 내 몸에 실려 온
지네, 그놈

전파사 강씨 탈출기

한 가지 색깔이 심심해진
알록달록한 옥수수가 세상에 오게 된 건
자리바꿈 유전자 때문이라는군
매클린 톡이라는 이가 삼십 여년 옥수수 밭에 파묻혀
궁리 끝에 알아낸 비밀이라는 거지
버릇처럼 엉덩이를 붙이고 앉아
시침 초침을 조율하던 전파사 강씨가
야반도주한 이유 아무도 모를 거야
나는 혼자 실실거리며
자리바꿈 유전자가 생겨난 때문이라 믿는 거야
끝물 옥수수, 쭉정이가 되어버린 날들이
그를 못 견디게 한 거지
평생 종종걸음 치며 살아온 강씨의 궤적은
두 평 전파사를 벗어나지 못했어
시간이라는 말뚝에 묶인 그에게 뿔이 솟아난 거지
몸 어딘가에서 모종의 돌연변이가 일어난 거야

저마다의 말뚝에 묶여 째깍째깍
사라진 강씨에 대해 잊고 있던 어느 날
한 줄기에 남색과 보라색 꽃이 제멋대로 어우러진
희한한 나팔꽃을 만났어
줄기들은 어떤 간절함으로 하늘을 칭칭 감고

올라가고 있더군
자리를 바꿔 앉은 강씨가
겁 없이 어딘지도 모를 곳으로
기어오르고 있는 거야

육교 가드너

사거리 육교 아래
이정표처럼 서있는 남자
세상이 톱니바퀴처럼 잘 물려 돌아갈 때
나사 풀린 표정으로 삐딱하게,
뒤춤에 한 손을 넣은 채 천연덕스러운 무표정
우스꽝스러운 장면을 공유하는 즐거움도 잠시
그의 관조적인 눈빛이
거슬리기 시작한 건 의외였다
왜 저러고 있는 거야
한 마디씩 돌을 던지는 사람들
쳇바퀴를 잘도 굴리는 우리를 비웃는 건 아닐까

얄팍한 가면을 가진 자들이
사거리를 지나는 동안
무엇에도 개의치 않고
본분인 듯 가장 지극한 일인 듯
구경꾼이 되어가는 남자
육교가 먼저 있었던 것인지
그가 있던 자리에 육교가 생긴 것인지,
남자가 보이지 않는 하루
풍경은 헛바퀴를 돈다
누군가 장난스럽게 명명한 호칭

육교 가드너

오후 세시에서 다섯시 사이에 박혀있는
헐렁한 나사못 하나

저녁에 대한 은유

여자의 몸에서 말이 떠나갔다

걸쭉하게 욕 한 사발
냅다 지르기도 잘하던 여자
가장 곡진한 언어인 먹고 싸는 일만 남은 여자
여자는 날마다 얼굴을 빌어
되지 않는 말을 빚느라
한 덩어리 반죽이 되어간다
잔뜩 미간을 찡그리며
쉬가 마려워도 웅웅
몸이 가려워도 히잉

굳어가던 반죽이
뭉클 살아날 때가 있다
아들을 바라볼 때 여자의 얼굴은
따스하게 부풀어 올라서는
이지러진 곳 없는
한 덩어리 달이 된다
달싹이는 달에 바짝 귀를 대는 아들
무언가를 묻고 또 묻는다

측은함으로 우주를 싸안은 달과

달에게서 눈을 떼지 못하는 남자
수만 가지 언어로 읽히는 동굴의 벽화가
그려지는 저녁

유리의 성

개미책방에서 저물도록 만화를 봤죠
눅눅하고 찌든 책냄새가 나를 키웠어요
책먼지 사이로 유리의 성이 반짝여서
꿈이 아닐지도 몰라, 놀라곤 했죠
침침해진 눈으로 어머니가 재봉질한 골목
기워지고 덧대어져 간신히 이어지는 길
소실점에서 한줌 빛이 가물거렸죠
손재봉틀 소리를 밟고 걸을 땐 기억을 꼭 붙들어야 하죠
오른쪽 세시 방향으로 걷다가, 왼쪽 열한 시 방향으로 틀어
몇 개의 웅덩이를 지나 전파사를 지나
성은 꼭 있을 거라 믿어야 해요
잠을 자고 나면 정금의 회랑이 펼쳐질 것 같았어요
봉오리 머금은 길들을 서랍 속에 두고
혼자 들여다 보곤 했죠

먼지 수북한 서랍 속엔
재봉틀 소리와 흐린 하늘과
울음이 되지 못한 음절들이 뒤섞여 웅얼거려요
그늘과 습도 적당한 기울기가
서랍 안에 나를 가두었어요
웅덩이에서 젖은 발을 꺼내며 城은 없다고,
마술이 풀리는 열두 시는 오고야 만다고

뇌이는 순간 갇히고 말았죠
우산을 활짝 펼치는 시간을 놓쳐버린 지금이
꿈이 아닐지도 몰라, 놀라곤 해요
길을 걷다가 밥을 먹다가도
둥둥 떠다니는 나를 느껴요

서랍이 덜컹거려 잠을 잘 수 없어요

설득의 기술

귀를 찌르는 고함소리에 주눅이 들었다
내겐 말할 틈조차 주지 않았다
손과 발은 그의 격렬한 항변을
실어 나르기에 충분했다
말 대신 글로 써서 건네려던 손을 거두었다

수화통역사는 만나지 않기로 했다
차 옆구리 좀 긁힌 채로 살지 뭐
하는 내게 어찌 상대를
그리 만났느냐고
우스갯소리를 던지는 사람들
달리 설명할 방법이 없었다
언제나 무언극이었을 그의 생이
쿵 하고 덮쳐왔다
접촉사고일 뿐이었는데
전복되고 말았다
변명이나 억지소리 한 번
제대로 질러보지 못한 남자의
브레이크가 듣지 않는
말, 말, 말

가시

공책의 맨 뒷장에는 보여주기 싫은 얘기들을 적곤 했다. 펄럭일 기운조차 없어진 마지막 장은 숨을 잘도 참아냈다. 여중을 다니는 내내 고모가 날 불러 세우지 않길 바랐다. 고모는 묵은 공책처럼 교실 구석에 앉아 있었다. 도드라진 꽃 같던 작은 할매도 백구두 할아버지도 마지막 장에선 여지없이 구겨진 얼굴이 되어 사라졌다. 흐려진 글씨였던 고모가 전화를 했다. 버려진 종이뭉치처럼 울었다. 북 찢어낸 종이 끝에 매달린 채 보고 싶다고, 나의 오랜 습관은 공책 가장 깊은 곳에 손톱 밑의 가시를 숨겨두는 일. 비수 같은 말들이 끄적여진 행간에 우두커니 서있던 고모, 하릴없이 종이인형을 오리고 또 오리며 종이드레스 위로 후드득 눈물방울 훔치던 마지막 장, 그때 그 뒷모습 다시 펴려 해도 펴지지 않는 막장

산벚나무를 읽다

길도 지워진 산등성이
산벚꽃나무 혼자 발등만 보고 있습니다
하릴없는 바람이 그의 몸을 읽습니다
서너 장 한꺼번에 넘기기도
어떤 날은 조목조목 옆구리를 들여다봅니다
세상과 한 마장쯤 떨어져 있는 그의 문장은
불러서 돌아보면 소리의 근원이 묻혀버리는,
잊었는가 하면 귓바퀴에 걸린 이명처럼
그 자리에 서있습니다
꽃의 시절을 지난 산벚나무
맹목의 푸른 잎만 무성합니다
늦봄 언저리에 가시처럼 박힌 나무
바람의 혀가 핥고 있습니다

넘은 한 획의 고요
귀가 먹먹합니다

가방에 끌려 간 남자

글쎄 소리 소문도 없이
가방들에 의해 재갈이 물린 채
끌려간 남자가 있었다는데
착한 애완견처럼
착 달라붙어 다니던 가방이
어느 날 부턴가 그 남자를 헛갈리게 했다는 것인데
사무실에 가는 가방뿐이었을 땐
다루기 쉬웠지만
차츰 그에겐 가방이 많아졌어
일요일 오전엔 주님을 경배하는 가방이 필요했고
비가 오는 날이면
다른 주님을 섬기러 갔어
짬짬이 헬스가방을 들고 건강을 보살폈으며
당면한 교양을 위하여 책가방까지 꿰찼으니
지퍼만 잠그면 모든 일들에
함구하는, 가방의 속성을 믿었지
승용차에서 대기 중인 가방
집에서 먼지를 털어주길 기다리는 가방
그를 나눠 갖기 싫어진 가방들은
누구 편인지 정체를 묻기 시작했어

어쩌면 가방에 붙들려 간 게 다행일지 몰라

애물단지, 안방을 차지하고
평생 지퍼를 닫지 않는 말 많은 가방은
다시 무르기도 힘들다지

소아저씨와 돼지처녀가 바람 날 때

누가 먼저랄 것도 없이 시 쓸 '꺼리'라고 무릎을 친다
그러니까 달봉비어와 삼촌네 떡볶이 사이에 있던
'소아저씨와 돼지 처녀가 바람 날 때'

소와 돼지가 만나면 이종 교배가 아니냐
새끼를 낳을 수 있긴 한 거냐고 웃는다
그렇게 접근하면 시가 될 수 없다
소와 돼지의 로맨스는 너무 직설적이지 않느냐
뭔가 있어 보이는 그런 건 없냐 한다

칼솜씨가 뽕밭에서 춤을 추듯 했다는 백정 포정처럼
시의 살과 뼈를 잘 발라낼 수 있으려나
서툰 칼질에 시는 써지지 않고
돼지처녀의 실룩이는 엉덩이를 쫓는
소아저씨의 밭은 숨소리만 떠오른다

시의 뒷덜미만 남은 시시한 하루
19년을 써도 칼날이 무뎌지지 않는다는 포정의
칼은 흉내도 내지 못하고 19금 낙서가 되어버린
소아저씨와 돼지처녀가
바람 날 때

3부

붉은 꽈리의 방을 지나

내 노래 들어볼래

혀 끝으로 지그시 누르고
눈을 감으면 어둑어둑 걸어나오지

그걸 기다린다고 해야 하나
보여줄 수 없는 몽오리들을
찬찬히 들여다보며, 물들어가는 거야

손바닥으로 얼굴을 가리고 붉어지기를 기다렸어
무언가를 붙들 수도 버릴 수도 없는 시간

허공에 그어지는 빗줄기
빗줄기가 그리는 둥근 혼잣말을 받아적었지
파문처럼 번지는 노래

환기되지 않은 슬픔이 주렁주렁 열린 방들
온통 빨간약을 바른 종아리를 한들거리며
아프지 않은 척 기다리고 있을게

아, 노래를 멈추고 싶어
발을 헛디뎌 주저앉았던 계단참의

플랫, 플랫을 조심해

창궐한 명아주 덤불 사이
밀교密教처럼 익어가는
그 방의 빗장을

니가 열어줄래?

화공들

누구나 그림에 관해 이야길 했다
알 수 있는 그림과 알 수 없는 그림에 관해

어떤 이는 숲을 끝없이 덧칠했고
어떤 이는 나선형의 계단을 그렸다
말 머리에 사자의 다리가 있는 그림
꽃에서 여우가 나오는 그림
숨은 그림을 찾는 사람들이 모여들었다
새로워, 새로워, 새로움에 목맨 자들
한 떼의 화공들이 미지를 향하여 달려갈 때
진부하기 그지없는 꽃을 어머니를
그리고 또 그리는 이도 있었다
그림이 그려지지 않는다고
매일 그리지만 모두가 쓰레기라고,
울었고 웃었고 비꼬고 뒤집고
그림만이 모든 것을 지배하는 별천지 같았다
고흐의, 렘브란트의 마성을 훔쳐올 수만 있다면
영혼이라도 팔 것 같았다

누군가 중얼거렸다
비평가의 입맛에 맞는 그림을 그려야 한다고
세상과도 잘 사귀면 다 된 거라고

>

저마다의 근심을 챙겨들고 총총히 자리를 떠나는
전혀 새로울 게 없는 그림이었다

샤갈의 연

파란 지붕 위에 앉아
연을 날린다
지붕위로 눈이 올거라 생각한다
어제도 오늘도 아닌
구석진 고요에 앉아
가끔 눈을 감아보는 사람
연은 왜 하늘로만 가는 걸까
마당에 누운 커다란 물고기가
떠나온 바다를 생각하는 기묘한 시간
비늘이 하나 둘 몸을 덮는다
별이 뜨기 시작할 때 생각한다
내가 날리는 연을 누구도 보지 않는 것처럼
지금 보고 있는 별은
아득한 옛날 바다에 닿을 수 없었던
떠돌이 별이라는 것을,
누구도 아프지 않고 슬프지 않은 그림
하얀 염소 한 마리
죽은 물고기
북실을 당겨도 돌아오지 않는
꼬
리
연

* 마르크 샤갈의『연날리기』1926년 作

안드로이드 법칙*

휴대폰을 누르면 내일의 날씨가 보여요
손끝을 따라 빠르게 건너가는
사진첩의 시간들
하루에도 몇 번씩 다른 얼굴로
카페를 들락거리는 일, 숨 가쁘죠

당신은 너무 느리게 늙어가요
진부한 추억의 부스러기를
휴지통에 버리지 못하고
나날이 진화하는 엄지족들을
홀린 듯 바라보죠
별을 바라본다거나
우편함 속에 손으로 눌러 쓴 편지가
오길 기다린다면 이제 곧
사라져가는 종족이 될지 몰라요
몇 백년을 산다는 갈라파고스 섬의
코끼리거북으로 살아가요
눈꺼풀을 밀어 올리는데 일년이 걸리고
한 걸음 떼는 데는 십 년쯤 걸리지 않을까요
사랑하고 헤어지는 데는 족히 백 년은 걸리겠죠
알을 낳는 것도 상처가 아무는 것도 더딘
그의 느린 우주 속으로 걸어가요

>

지루한 생을
네 발로 쓰다
바윗돌에 비명도 없이 고꾸라지고 싶어요
희미한 암각화가 되어버린 당신,
어떤 새로운 계정으로도
다시 불러올 순 없겠죠

* 안드로이드 법칙 : 스마트폰을 중심으로 신제품 출시 주기가 갈수록 빨라지면서 유행이 지난 휴대폰은 공룡이 된다.

해피에게

식은 밥덩이에도
내리는 눈에도 꼬리를 쳤다
비오는 날 치명적인 냄새를 풍기거나
털갈이를 할라치면
이리 채이고 저리 채여서
눈칫밥만 늘어가던 개

마실갔던 친구 집 앞에서
무심한 눈을 끔벅이며
두 시간을 기다리고 있던 해피
기다리고 꼬리치는 것이
일상이자 숙제가 되어가던 개
긴 여름날 마루에 앉아
아이스크림을 먹다 입에 물려주면
숨겨놓은 신공을 보여주듯
막대를 굴려가며 아이스크림을 먹어치우던

그날이 그날인 날들을 잘 굴려가며
녹여먹다, 문득 해피가 생각난다
왜 한 번도 해피가 행복한지에 대해 궁금하지 않았을까

나의 털갈이는 끝나지 않았고

줄줄 하루는 흘러내리고
실없이 개미떼를 쫓느라
넋을 잃은 해피처럼
해는 저물고, 묻고 싶은 한 마디
해피
행복했었니?

골목, 꽃, 갠지스

떠나기 전날 감기가 찾아왔다
고통이 스멀스멀 오른 손을 내밀었다
오히려 따스했고 지문을 읽어내릴 만큼 섬세했다
갠지스강으로 가는 길은 미로로 이어진 골목
널려있는 소똥과 신에게 바칠 꽃들이 뒤범벅이었다
축제와 한줌 몸을 드리는 화장터의 연기
웃음과 눈물이 한데 모여 강을 이루었다
고행 끝에 다다른 곳, 바라나시
늙은 남자가 허공을 보며 중얼거렸다
사람은 힘들었던 부분이 쉬 재가 되지 않는다네
여자는 다리부터 배까지 더디 타고
남자는 가슴부터 머리까지가 오래 걸린다오
전전긍긍, 앙앙불락, 악전고투 이 모든 것이 순간이라니
말라버린 눈물샘에서 한 남자가
꾸역꾸역 걸어 나왔다
사는 내내 울지 못한 먹먹한 가슴을 열어보였다
누구일까, 어디서 만났었을까
2506km, 그 아득한 눈물의 발원지로부터
쩍쩍 벌어져가는 내 눈가로 흘러내리는,
한 번도 만나지지 않은 남자를
대신 울어 주었다

헬리코니아

돌아가기엔
너무 깊은 숲이네요
줄무늬꼬리벌새들은 쉴 새 없이
헬리코니아 꽃잎을 들락거리죠
벌새의 기다란 부리와 헬리코니아 꽃잎은
열쇠와 자물쇠처럼 꼭 들어맞아요
중독이란 무서운 거죠
더 이상 헤매지 않아도 되요
잠들 때 마다 주문을 외우죠
달콤한 꿈에서 깨어나지 말기를,
붉게 피었다 소리 없이 시드는
나날을 함께 보내요
날이 저물도록 단꿀을 마시며
꽃가루를 나르는 그대의 날개를
넋을 잃고 바라보곤 하죠
늙어가기에 적당한 온도와 습도
더 이상 진화하지 않는 슬픈 열대
서로를 껴안는 몸의 언어로만 소통하죠
꿀이 바닥을 드러내는 순간을
상상하지 말아요

>

이곳에서는 차가울수록 뜨겁다고 말하죠
잎이 무성할수록 하늘은 보이지 않아요

* 헬리코니아 : 원산지 열대아메리카, 키가 큰 다년생초로 밝은 색의 잎처럼 생긴 포가 달리며 화려하고 많은 꽃이 핀다

길 하늘에 들다

티베트에서 윈난까지
마방들의 행렬이 이어진다
말이나 사람이나 말린 옥수수를 먹으며
길을 간다
우기에 접어든 차마고도*
말들은 젖은 짐을 등에 싣고 고원을 지난다
협곡을 지난다 길을 만들며 간다
하늘과 가까운 길 차마고도
순례에 지친 어둠이 깃든다
언젠가 하나 둘 하늘에 올라
별자리가 되고 마는 마방의 운명
하늘 한 귀퉁이 끌어 덮고 잠을 청한다

소금계곡을 간다
소금으로 목을 축이는
늙고 비루한 말
부스럼 그득한 몸을 이끌고
끊어질듯 이어지는 길을 간다
삶에서 죽음까지 지난한 길
들판의 꽃을 따라 걷던 노새였던 짧은 순간과
남은 목숨을 바꾸러 간다
한 덩이의 차를 구하러 간다

길은 남은 시간을 내어 놓으라 한다
도정의 끝에 바람보다 가벼운 죽음
걸음은 더디고 길이 흐려진다

* 茶馬古道 : 차와 말을 교역하던 중국의 옛길.

낯설게 하기

산세베리아에 물을 줄 때도
잔치국수를 말 때도 고민했다
후줄근한 어제를 스팀다리미로 펼 때
생각의 무디어진 모서리가
날렵하게 각이 생기길 기대했다
그 생각이 머릿속에
스팸메일처럼 쌓여갔다
누군가는 사막여우 이야길 했다
몽골의 초원도 먼지바람만 일 뿐
아무도 밟지 않은 새로운 별자리는
발견되지 않았다
너무나 익숙하게 세탁물은 통 안에서
뒤엉키고 있었다
하루하루가 펴지지 않은 얼굴로
빨래건조대에서 시들기 전에
남 몰래 내다 버렸다

이제 이방인처럼 살게 됐다
낯선 시간들이 독새풀처럼 번졌다
누군가 내게 말했다
당신은 갈수록 알아들을 수 없는 소릴 하는군

>

드디어, 은밀하게 소통하는 노래를
할 수 있게 된 건 아닌가하고
키득거리는 히키코모리

별의 길을 지나다

태양의 길을 생각하면 눈이 부셔
아직 별의 길에 머물고 있는지 몰라

내 얼굴을 볼 수 없는 것처럼
처녀자리인 늦여름에는 처녀자리별을 볼 수가 없지

열두 개의 별자리 중
볼 수 있는 것은 여섯 개의 별자리 뿐
반쪽이 전부인 줄만 알았어

태양 곁에 머무는 별들은 보이지 않아,
어둠이 모든 것을 삼킨 후에
네 눈물을 볼 수 있었던 것처럼

볼 수 없는 여섯 개의 별자리가
너에게로 가는 징검다리인지 몰라
하나의 비밀을 치울 때마다 네 모습이 흐려져
널 안다고 말하는 순간

잔혹동화의 마지막 같은
반쪽의 배후를 들여다보고 말았지
가까이 갈수록 내가 녹아내리고 있어

끝의 시작이 환히 보이네

지하도시

개미굴에서 만나자고 네가 먼저 쪽지를 날려 왔다 어둠이 담쟁이처럼 넝쿨손을 뻗어 갈 무렵 너를 만나러 간다 문을 여는 주문은 독수리 타법이건 교활한 여우의 타법이건 두드려라 열릴 것이다 미로를 즐기는 자들이 모여든다 나가는 문을 찾는 이는 없다 좀 더 깊은 곳으로 낮은 포복으로 기어든다 이곳의 불문율은 이름을 묻지 않는 것 아마추어처럼 실명을 끌고 다니는 진화가 덜된 인간도 더러 있다 일몰 전 까지 입고 다니던 나를 벗어 던지고 끈적한 밀랍의 언어를 주고받는 방 준비된 파이터들이 싸움의 기술을 선보인다 가공할 입심으로 공격의 고삐를 늦추지 않는 이들 수천의 방들에선 익명의 박쥐들이 날아다닌다 돌틈을 비집고 햇빛이 새어 들어오면 지하도시는 전설이 된다 예의바른 시민들이 부활한다 피 한 방울 묻히지 않는 킬러에 대한 소문만 무성한 소문까지 꿀꺽 삼키는 깊은 우물, 먹잇감을 찾는 수신음 클릭클릭

스토리큐브

봉인은 해제되었고 주사위는 던져졌다

새, 열쇠, 무지개, 부릅뜬 눈
눈동자는 늘 너머를 바라본다
나무 위의 새는 무슨 이름을 가졌을까
그 성城엔 누가 사는지
모른다, 연필을 따라 걸을 뿐

아슬아슬 징검돌을 건넌다
물이 넘실거려 잘 보이지 않지만
성의 열쇠를 찾아야 한다

속임수와 같은 말들이 꼬리를 문다
무지개가 있고 분수대가 있고 돋보기가 있다
분수대에 앉아 아이스크림을 먹다 돋보기로 꽃을 들여다본다
무지개가 뜨기를 기다려야겠다

완결된 이야기 속으로 온몸을 굴려 빠져든다
뜨거운지 차가운지 시거나 달진 않은지

이상하기도 하지
여섯 개의 길 중 나를 선택하고야 마는 하나의 면面

내가 집어 들고야 마는
희극 혹은 비극

점점 이야기 속에 봉인 되어가는 한 여자

* 스토리큐브 게임 : 주사위에 그려진 그림을 키워드로 이야기를 만들어 간다.

4부

빨간 모자 어디 가니?

꽃을 따느라 너무 많은 시간을 가위질 했다 숲속의 시간은 밀랍처럼 끈적거렸다 스스로 길을 잃은 미로, 할머니 따윈 잊었다 눈을 빛내는 늑대와 만났다 아가리를 벌리는 할머니와 만났다 깨고 보니 할머니 뱃속이었다 할머니 뱃속에 할머니가 있다니 사방이 어둠이었다 어둠의 난간 어둠의 기둥 어둠의 계단 발을 헛디디면 안돼 누군가 배를 갈라 나를 구해줄 것 같았다 떨리는 손에는 빨간 모자 아직 숲이었다 떡을 내놓을래 꽃을 줄래 아님 심장을 보여줄래 할머니는 꽃을 좋아해 늑대는 꽃을 사랑해 모르는 사람관 얘기하지 마

할머니 뱃속에서 할머니를 기다리고 있다 늑대는 배부르게 잘도 잔다 그런데 왜 아직 숲일까 꽃 따윈 잊었다 혼자가 아니었다 빨간 모자를 쓴 사람들이 아직 어린아이인 채로 숲을 서성였다 모두가 서로를 발견하지 못했다 중얼거리는 혼잣말들은 빨리 시들었다

토마토축제

방울토마토가 쏟아져 나오네
수돗물에 또렷이 현상되고 있네
짓무른 과육이 터져 나오네
씻어내며 골라내는 동안 생략되어지는 시간들
손에 잡히는 상처 욕설들
툭툭 뱉어지는 토마토의 언어
잘려나간 토씨들 도달하지 못한 조사들
수챗구멍에 굴러가 박히는 비문, 비명들
토마토는 구르네

썩어서도 토마토는 토마토
비문인 채로 열매인 말
뭉클뭉클 터져 쏟아지는
토마토의 심장

너는 내게 토마토를 던지네
찡그리는 나를 보며 자꾸만 웃음을 터트리네
당신의 문법이 나를 숨막히게 하네
치마 가득 토마토가 쏟아지네
솟구치는 울음으로 달아오른 뺨
갇혀있던 토마토가, 붉은 눈물이
터져 나오네

냉장고를 여세요

오후 세시가 지나간다 슬리퍼를 질질 끌고 지나치게 바싹 구워진 식빵 귀퉁일 건드리며 불어터진 라면의 면발에 기웃거리며

오후 세시를 냉장고에 넣고 싶어 초파리가 날아와 시큼한 시간 속을 들여다 볼 때 누군가 몰약같은 졸음을 흔들어 깨울 때 오후 세시는 지나간다 주파수가 맞지 않는 라디오에 앉아 창밖 나무에 이는 바람에 숨어 현관의 잠금장치를 들여다보며 너의 부재를 나의 부재를 확인할 때 택배 아저씨가 투덜거리며 소화전의 보관함을 열 때 세시는 누구에게도 배달되지 않는 시간 기억되지 않는 시간 증발하는 시간 지루한 대본처럼 어떻게 연출해도 아귀가 맞지 않는 내 손에 붙들려 냉장고 안에서 잠든, 미라처럼 피 한 방울 없는

오후를 읽어내는 방식

배부르게 고구마를 읽다가 시집을 먹다가 까무룩 잠이 든 오후 생밤처럼 아삭아삭 조곤조곤 말 걸어오는 시 어쩌면 이녁은 이렇게나 참한 오후를 빗어가는 것인지 시집에게 묻다 이렇게 책만 자서는 안 되겠다고 잠을 읽는 오후 안방까지 어느새 싸늘한 겨울의 온도가 밀려와 외투를 걸치기엔 갑갑하고 셔츠만 입기엔 선뜩한 손길로 내 몸을 만질 때 누가 아무도 없는 적막을 한꺼풀 벗기고 들어올 때 나는 어떤 준비도 없이 고구마를 읽다가 책을 먹다가 문득 조금만 기다리면 예전도 아주 오래전 그랬던 것처럼 두꺼운 목화이불 아래 한 그릇의 밥을 밥이 어머니가 나를 기다리고 있을 것 같아 아니 다 식어버린 저녁이 처연하게 나를 바라볼 것 같아 배부르게 허기가 지다가 어둠이 훅 끼쳐오기 전 처마 끝 녹아가는 눈덩이가 툭 떨어져 내리듯 어떤 물음이 무릎 위에 툭 받아질 것 같은 시간

누군가 다녀간 것도 같고 아무도 왔던 적이 없는 듯한 방안에 촘촘한 여백이 박수근의 나무와 어스름을 불러올 때 왜 여기 이렇게 혼자, 오래 앉아있다 점, 점, 점 점묘화 속으로

위키위키*

키위는 새의 일종, 과일의 일종, 뉴질랜드 사람을 가리키는 말, 키위 껍질을 벗길 때면 동그랗게 몸을 말고 있는 키위가 날개를 펼치고 날아갈 것 같아 뉴질랜드 푸른 숲으로

내가 먹고 있는 건 키위가 아니고 하릴없이 키위나 삼키는 여자가 아니고 키위새가 되어 푸른 숲 위를 날고 있지 키위는 언제 건 나락으로 떨어질지 몰라 날개를 파르르 떨지 언니는 말했지 키위새가 키위를 낳는다고 먹는 키위와 날으는 키위는 같은 건지 다른 건지 사는 것과 나는 것은 어떻게 다른 건지 절룩거리는 다리로도 날 수 있는 건지, 난생卵生이었던 어제를 기억해봐 있는 힘을 다해 알을 깨고 나갈 거라고 친친 감은 어둠을 헤치고

키위는 새의 일종, 낡아빠진 외투만 벗어던지면 새가 될 수 있는 건지 물어도 될까 위키위키

* 위키위키는 하와이로 빨리빨리를 뜻한다. 접속자가 내용을 수정하거나 가필할 수 있는 기술, 이러한 웹사이트를 위키위키 사이트라고 한다.

별이라는 이름의 다락방

두 다리를 대롱거리며 빌딩 유리창을 닦던 남자의 얼굴이 떠올라 닦으면서 새로운 얼룩이 생기던 창문들 부질없는 짓이라 느끼면서도 밤이면 습관처럼 걸레를 집어 들지 허공을 떠도는 낙서들을 지우다 보면 가시만 남은 생선을 물고 아무도 없는 곳으로 향하는 길고양이가 된 기분이야 냄비가 공중으로 날거나 재봉틀 의자의 다리가 부서진 날이었을 거야 어머니도 조그맣게 어깨를 들썩이며 흐르는 것을 손으로 훔쳐냈지 어머니가 댓돌 위에 말끔하게 씻긴 흰 고무신 한 켤레로 남은 것은 더 이상 무언가를 닦아 낼 기력이 없어진 순간이었어 고작 지나간 일력日曆을 뜯어 코를 닦는 일 외에는.

중력이 없어져 얼룩이 떠다니는 별이 있어 그 별에 머문 적이 있어 세입자들은 지나간 흔적을 남기곤 해 자꾸만 번지는 얼룩을 지우느라 늙어갈 뿐이야 밤이면 혼자 닦아야 할 것들을 머리맡에 두곤 하지 살아 있는 동안 검은 별에 머무는 날이 많아

가끔 바늘귀만큼 귀를 열어두길 바래 누군가 한줌의 빛을 얻기 위해 얼룩을 지우고 또 헹구는 소리를

퍼즐의 재구성

거꾸로 묻힌 70대 노인, 발부분이 봉분 밖으로 삐져나와 있었다

아버지는 숨겨진 유정이라도 찾는 것처럼 막걸리에 붙들려 살았다 어느 순간 아버지가 발효돼서 없어질 거라 생각했던 적도 있다

그의 곁에는 탐침봉과 가방 곡괭이가 있었다

작문시간에 아버지에 대해 쓸 때마다 흩어진 퍼즐을 주워 모았다 이산가족 찾기 방송을 보며 수건이 젖도록 어깨를 들썩이던 아버지 울어야 할 때 실없이 웃던 아버지 집에 돌아오지 않던 아버지 탐침봉이라도 있어야 아버지의 진심에 닿을 수 있을 것 같았다 끝내 한 조각을 찾을 수 없어 완성할 수 없었던 아버지라는 그림

봉분엔 구덩이가 나있고 호리병을 안고 있었다

부음 소식을 듣고 빚쟁이들이 왔다 빌려준 자만 남고 빌려간 자는 모두 사라졌다 가끔 아버지가 평생 찾았던 것이 무엇이었을까 궁금했다

>

겨울에 약초 캐러 간다던 그는 이듬해 팔월에 등산객에 의해 발견되었다

그가 부린 허세만큼 복수腹水로 차올라 볼록했던 배 차용증처럼 남긴 엽서 한 장, 애비노릇 못했다 용서해라 어떤 신파로도 아버지를 위해 흘릴 눈물을 불러오진 못했다

무표정하게 훑고 지나치는 기사처럼 계절이 휙휙 지나간다 가끔 홀로 죽어간 노인이 얼마나 외롭고 추웠을까를 생각하면 그의 도굴 전과 따윈 용서해 주고 싶다 마지막 조각을 맞추듯 드러난 다리에 흙을 덮어주고 싶다

집을 나선다 낡아빠진 아버지를 입고 풀린 올 사이를 헤집고 바람이 새어든다, 차마 버릴 수도 없는 한 벌의 아버지

사막여우를 키우는 사람들

사막여우를 키우는 사람들이란 인터넷 카페를 발견했어
마우스로 문을 톡 두드리려다 말았지
사막여우, 사막여우 하고 입을 모으면
가까스로 파스텔 톤 새벽하늘이 나타나지
카르돈선인장이 낯선 질문처럼 우뚝 서있는
모래언덕에 홀연히 나타난 사막여우
비는 오지 않고 여우는 눈물샘을 찾고 있어
정제된 슬픔을 한 방울씩 호리병에 모아 만든 샘
사막에선 주검도 바람에 몸을 맡기고 하늘로 날아가 없어지지
냄새조차 없어진 이름들을 핥으며 주린 배를 채워야 해
항상 발목을 잡는 건 생각이야 걷고 또 걸어야 하지
걷는다는 생각조차 없어져야 살아남지
막막해서 코끝이 시큰거리더라도 냉정을 잃지 마
사막을 들여다 볼 때 조금의 연민이라도 느낀다면 여우는 사라지고 말아

모래바람에 눈물샘이 말라버린 사람들
부서지고 흩어지는 문자들의 沙邱
ㅋ, ㅎㅎ, ㅠㅠ 사라진 여우 발자국만 어지러운

눈먼 자들의 도시*

네 발자국은 참 따스해
나선형의 계단 끝에서 내게 손짓을 하지
너를 향해 걸음을 옮길 때마다
짓이겨진 꽃잎에서 붉은 향기가 피어오르지
떨리는 몸을 웅크리고
밤마다 네가 보낸 엽서를 읽지
귀에선 동굴의 바람 소리가 들려
머릿속에 박쥐들이 날아 다녀
우리 이제 첨탑 끝에서 만나기로 해
한 옥타브 높아진 웃음을 킬킬거리며
동공의 뒤편을 들여다보지
이마에 누군가 손을 짚으며 속삭였어
외로운거니
뜨거워, 뜨거운데 왜 추운거지
첨탑위에서 노트르담의 꼽추처럼 위태롭게
종을 울리는 꿈을 꿔
밤이야, 돌아와
목소리들 들은 것도 같은데
아무도 손을 잡아주지 않아
붉은 꽃들이
아득하게 떨어지고 있는
나를 안아줘

* 주제 사라마구의 소설 제목을 빌려 옴.

오래된 방

버려진 전축이 집에 왔네 레코드 바늘은 미세한 먼지 위를 튀어 오르며 오래된 세상으로 굴러가네 자갈밭을 달려가네 폴 앵카는 아직 다이애나에게 스카프를 흔들어 대고 천정이 낮은 다락방 어둠 쪽으로 기울어지던 젊은 날이 다가오네 아버지 여전히 음표들을 부시고 계시네 꽃들이 바람에 뭉개지네 자꾸만 넘어지네 멍이 든지도 모르고 지내는 날이 많아졌네 노래가 삐그덕 거려 가만히 들여다보니 더 이상 돌아보지 않으며 잘도 달려가네 해진 몸을 빙그르르 말아 올리네 아무 소리도 만져지지 않는 방을 만드네 맨몸의 무수한 흠집 위로 전축 핀이 흘러가네 절룩이며 절룩이며 누군가 속삭이네 이 지리한 악보에서 날 건져주게 상처가 모조리 덫나 열꽃이 창궐하는 낭하로 떨어뜨려 주길 제발,

한여름 밤의 꿈

깜깜한 바닷가, 밤 한 칸을 빌린다 짐처럼 후줄근해진 여자가 부려진다 지친 저녁을 실어나르는 바퀴 소리가 배경으로 깔린다 간간이 파도소리가 발가락을 간질이고 아스팔트 위 누각엔 잠이 고이지 않는다 카톡 카톡 토막 난 잠이 꼬리 잘린 도마뱀처럼 소스라친다 여자는 파도소리와 뒤엉키며 무시로 체위를 바꾼다 또 다시 벨소리, 남자는 남자의 말을 여자는 여자의 언어만을 쏟아낸다 다른 행성에서 온 교신처럼

치사량의 온기를 위해 여분의 베개를 부탁한다 여주인은 소란스러운 이 별에 숨어든 자가 없는지 힐끔, 방안을 스캔한다 베개를 끌어당겨 안는다 애써 아름다운 해안선을 상상한다 졸리운 물살이 종아리에 차오른다 아이들의 비명이 귓바퀴를 찌른다 터질 듯한 고요와 간헐적 소음이 샴쌍둥이처럼 얼굴을 바꾼다 책을 읽는다 덮는다 차라리 밤바다로 뛰쳐나갈까 생각한다 벽, 여자, 남자, 밤, 섬, 혼자

지리멸렬한 무대, 지상에서의 '쉼'을 꿈꾸는 그녀의 모노드라마

봄날의 아리아

멀리서 보면 평온해 보일 뿐이지 봄나들이 가는 줄 알았어

트럭에 오리들이 실려가네 발 디딜 틈 없이 들어앉은 층층의 감옥, 쓸모없어진 날개 포기한 채 하염없이 실려 가는데 쇠창살 밖 긴 모가지를 빼물고 꽥꽥 대는 오리 한 마리 뛰어내리기라도 하겠다는 듯 몸부림을 치는데 긴 부리 주억거리며 노래라도 부르는 것 같아 맑은 봄 하늘에 송홧가루처럼 깃털이 날리고 멀어지는 오리, 아리아는 절정으로 치닫네

멀리서 보면 아름다워 보일 뿐이지 죽은 듯 살고 있는 층층의 감옥, 아파트 베란다 밖으로 뛰쳐나오던 여자의 비명 아무도 창문을 열지 않네 침묵을 담보로 한 달콤한 봄밤, 방들은 멀어지네 아리아는 절정으로.

해설

"끝의 시작" 속으로 걷는 일

— 그러므로 서정이다, 김지요 시인의 시세계

이승희 문학평론가

"끝의 시작" 속으로 걷는 일

— 그러므로 서정이다, 김지요 시인의 시세계

이승희 문학평론가

시는 필연적으로 시인이 삶 속에서 존재하는 방식을 반영한다. 지금 현재 시인의 우주를 이루는 그 모든 것들의 세계와 시인은 어떤 관계를 맺고 살아가고 있는가를 드러내는 것이다. 따라서 모든 시는 서정시라는 필연도 생겨나지 않을까 싶다. 그 모든 것이 시인의 내면 속 심상의 반영이기 때문이다. 갑작스러운 파문이든 일상적인 것이든 그 무엇이든 시인의 내면 속에서 가라앉고 가라앉은 후에야 다시 떠오르는 것들, 다시 떠올라 시인의 손이 되고 얼굴이 되고 눈길이 되는 것. 이는 삶과 죽음을 비롯하여 시간과 타자, 세계와 나 등 내것은 아니지만 나와 연결되어 있는 시인의 세계가 만들어지는 것이다. 이것은 서정이다. 이 세계 속에 나라는 존재에 대한 탐구이며, 그 관계 맺고 있음에 대한 연민이며, 그 모든 것으로부터 자유롭고 싶지만 결국은 견디며 살아야 한다는 삶의 이해로부터 출발한 것이다. 작금의 우리 시에서 '서정시'라는 말이 혹여라도 낡은 것으로 폄하될 수 없는 이유이기도 하다.

김지요 시인의 시를 읽으면서 새삼 느끼게 되는 서정의 세계는 참으로 인간적이라는 것이다. 그것은 자연적 혹은 자연에 대한 상대 개념으로서가 아니라 우리의 내면 깊숙한 곳에서 끌어올려지는 그 심성의 깊이와 아름다움에 대한 것이다. 김지요 시인의 많은 시에서 자연물이 소재로 쓰이고 있는 경우가 많다. 그러한 자연물들은 시인의 내면을 더욱 깊게 성찰하는 바탕이 되고, 조금 더 역동적인 심상을 이루는 데 쓰이기도 한다. 실제 자연보다 그 자연에서 빚어 올리는 시인의 심상이 더 순연한 아름다움을 드러내기도 한다. 또한 우리는 왜 시를 쓰고, 왜 시를 읽는가라는 근본적인 질문도 하게 된다. 보편적인 인간의 심성일 수도 있는 시인의 눈높이는 그렇게 자신의 우주 나아가 이 세계의 모든 것들에 대해 부드럽고 따뜻하게 열려 있다. 이 시대에 드물게 담백하고 고요한 서정의 세계를 보여준다. 이러한 서정이 없었다면 우리는 오늘날 달에 가지 못했을 것이고 우주에 대한 꿈을 꾸지도 못했을 것이다. 한 개인의 우주는 그대로 확장되어 전 우주에 대한 탐색인 때문이다. 서정은 결코 낡은 것이 아니다. 아니 낡을 수 없는 근본적인 어떤 것이다. 개인적이지만 보편적이고, 내 것이지만 모두의 것이 되기도 하고, 낡은 것처럼 보이지만 늘 새로울 수 있는 것, 서정은 결코 한 가지의 얼굴이 아니다. 김지요 시인의 시에서도 읽히는 부분이지만 서정은 이제 동일시에만 머물지 않는다, 오히려 타자와 분열되고 멀어짐으로써 생겨나는 간극을 통해 그 차이를 인정하고, 인정함으로써 동일시를 이루거나 좁혀지지 않는 단절의 양상으로 함께 양립하기도 한다. 기본적으로 시인이라는 존재는 이 세계와 어긋나 있다. 그래서 세계와 멀어진다가 아니라 그럼으로 이 세계를 다르게 볼 수 있는 힘이 있는 것이고, 더불어 나를 볼 수 있는 것이라는 데 의미가 있다. 「물메기를 읽다」를 시작으로 김지요 시인의 시를 읽어본다.

내 몸의 물기가 마르는 날이 있을까
생각한 적이 있다
퉁퉁 붓게 울고 나서도
누수의 출처를 찾지 못했다
물주머니처럼 흐느적거리며
물의 나라에서 나고 자란 태생을 탓할 뿐이었다
어느 날 내장이 비워진 채
베란다 난간에 내어 말려졌다
공중의 거처엔 잠이 없었다
혼자였다
그리고 혼자였다
밤이면 어둠에 푹푹 잠겼다
날것으로 요동치는 바람을 이기지 못해
한동안 허공에 마음을 두었다
가시 하나 없는 섬모를 가진 보자기가
나를 받아 안을 것만 같았다
아슬한 추락의 탄성彈性이 나를 붙들었다
아가미에 꿰어진 끈 놓지 않으려
한 방울의 눈물도 버렸다
뼈대만 남은 말라비틀어진
한 마디의 말言이 되고 있었다
칠흑 같은 밤들을
간단없이 건너온 순례기를 몸으로 쓰는 중이다

허공에 뜬 탁본은
아가미 속으로 울음을
삼켜본 자만이 읽을 수 있다
—「물메기를 읽다」 전문

사는 일이 온통 울음일 수도 있다. 그러한 한 때가 지나도 울음의 시간이 끝나지 않는다. 그러면 또 우리는 묵묵히 그 시간을 견디어야 한다. 어쩌면 시는 그런 견딤의 기록 같은 것이기도 하다. 물고기가 물을 버리면 끝이다. 아가미는 숨을 쉼으로써 살아가는 최소한의 조건이지만 죽음 또한 그곳으로부터 온다. 시적 화자는 그렇게 물을 버리고 말라가는 물메기에서 자신을 본다. "혼자였"으며, "그리고 혼자"인 채 "밤이면 어둠에 푹푹 잠"겨가고, "아가미에 꿰어진 끈 놓지 않으려/ 한 방울의 눈물도 버렸다". 눈물 흘린 시간과 말라가는 시간은 다르지 않은 시간이다. "칠흑 같은 밤들을/ 간단없이 건너온 순례기를 몸으로 쓰는"이는 시인인 셈이다. 그렇게 시인은 "아가미 속으로 울음을/ 삼켜본 자"가 되어 "허공에 뜬 탁본"을 읽는다. 물을 잃은 물메기와 울음의 물기 마르지 않는 날들은 그렇게 하나의 모습으로 순례기를 쓴다.

이러한 동일화를 보여주는 시는 시집 전체에서 드물지 않게 나타난다. "어느 순간/ 서로의 헌데를 맞대고/ 짓무르고 있다/ 주황의 멀미가 더디게 지나간다/ 너무 가까워서 네가 만져지지 않아/ 거짓말처럼 푸른곰팡이가 찾아온다/ 썩어질 수 있어 다행이다/ 네게로 옮겨갈 수 있는 길을 찾았다"(「병炳」 부분)에서 보듯이 시인은 고달픈 삶의 순간을 사물 속으로 자연스레

옮겨 놓기도 한다. 주목할 것은 대상과의 거리도 없이 "내가 네게로/ 멍든다"라고 고백하는 것이다. 시인은 자신의 내면 정서와 사물을 분리하기보다는 자연스럽게 그 거리를 축소하거나 지워냄으로써 보다 간곡하게 드러낸다. 특히 이 시에서는 그러한 거리 지우기는 내면의 상처를 극대화하는 데 매우 효과적으로 작용한다. "썩어질 수 있어 다행"이라거나 "네게로 옮겨갈 수 있는 길을 찾았다"는 표현을 통해 오히려 상처를 극대화함으로써 시인만의 독특한 세계를 만들어 내고 있다.

> 길도 지워진 산등성이에
> 산벚꽃나무 혼자 발등만 보고 있습니다
> 하릴없는 바람이 그의 몸을 읽습니다
> 서너 장 한꺼번에 넘기기도 하고
> 어떤 날은 조목조목 옆구리를 들여다봅니다
> 세상과 한 마장쯤 떨어져 있는 그의 문장은
> 불러서 돌아보면 소리의 근원이 묻혀버리는,
> 잊었는가 하면 귓바퀴에 걸린 이명처럼
> 그 자리에 서있습니다
>
> —「산벚나무를 읽다」 부분

김지요 시인의 시에서 대상과의 거리는 조금씩 차이가 있다. 그리고 그 차이는 시인의 내면을 드러내는 데 미묘한 차이를 드러낸다. 최대한 그 거리를 당겨오거나 지워냄으로써 내면의 상처를 격렬함으로 극대화시킨다면, 일정하게 떨어진 거리를 유지함으로써 그 사이를 쓸쓸함으로 가득 채우기도 한다. 시인은 꽃을 다 떨군 채 혼자 발등만 보고 있는 산벚나무를 바라본다. 바람이 불고, "세상과 한 마장쯤 떨어져 있는 그의 문장"을 가만히 바라보기만 한다. 그럴 때 산벚나무와 시인의 사이는 쓸쓸함의 긴장감이 팽팽해진다. 그렇게 떨어진 채 느끼는 동병상련의 마음이 그 사이를 가득 채우는 것이다. 가득 채워진 사이, 그것이 스스로 말을 하도록 하는 것. 대상과의 거리에 따라서 시인의 내면의 움직임이 미묘하게 달라지고, 그것이 보여주는 긴장감과 울림 또한 다르게 다가온다. 그러나 중요한 것은 그렇게 드러나는 시인의 자아가 드러내 보이는 새로운 길 찾기일 것이다. 다음의 시에서는 이 같은 움직임이 보다 적극적으로 나타난다.

담 위에 선 닭을 보면 담 너머가 궁금하다

언제부터 날기 시작 했을까
담장을 딛고 날아올라 곧 들키고야 말
비행의 흥분을 궁구했을 터

굼뜬 내 걸음걸이 어디에도 비행의 흔적은 없다
스스로를 사유하게 된 이후 날개를 잊었다
非行을 즐길 때 飛行은 가능한 것일까
학교를 무단결석, 회사를 무단결근 할 때
내겐 숨겨진 날개가 있었다

저항은 바람을 뚫는 부력을 갖게 한다
공중 아니면 바닥
외줄 위의 어름산이처럼 부채를 흔들던

아니 날개를 퍼덕이던 사람들
명화, 기숙이 그리고 아버지
그들이 '날았다'고 믿는다
넘어야 할 담이 있는 자에게는 비행이 필요하다
있는 힘을 다해 '너머'를 읽으려는 결의
순간적 황홀에만 몰입했다간
벼랑 끝에 위태롭게 매달려 살아야 한다

마루에 앉아 웃자라는 발톱을 깍던 오후
담장 아래 날리는 갈기털을 보던 나는
겨드랑이가 근질거리기 시작했다
새가 아니란 걸 모르고 날아다니는 수탉 한 마리
부르르 날개를 떨 때
불현듯 내 안의 퇴화된 날개가 홰를 친다
날자 날자 날아보자꾸나 새처럼

붉은 울음이 낭자하다

—「비행非行, 혹은 飛行」 전문

담은 안과 밖을 나누는 경계이다. 더불어 안과 밖으로 나뉘어진 채 함부로 넘어가서는 안 되는 무언의 금기를 나타내는 것이기도 하다. 이 시에서 시인은 매우 직접적으로 자신의 의지를 드러낸다. "굼뜬 내 걸음걸이 어디에도 비행의 흔적은 없다/ 스스로를 사육하게 된 이후 날개를 잊었다"처럼, 이미 자신은 담 안에 갇힌 자, 사육된 자라는 인식을 갖고 있다. 그러나 이런 자괴감은 시인으로 하여금 끝없이 그런 삶을 회의하고 부정하는 추동력을 얻게 된다. "非行을 즐길 때 飛行은 가능한 것일까/ 학교를 무단결석, 회사를 무단결근 할 때/ 내겐 숨겨진 날개가 있었다"는 깨달음에 다다른다. 제도화된 세계가 만들어내는 폭력적 구조안에 갇힌 삶을 부정하고, 저항하는 것. 그리하여 "저항은 바람을 뚫는 부력을 갖게 한다". 나아가 "넘어야 할 담이 있는 자에게는 비행이 필요하다"는 삶의 성찰을 보여준다. 재미난 것은 '非行'과 '飛行'의 대립이다. '非行'은 사전적 풀이로 보면 '그릇되거나 잘못된 행위'이다. 그런데 이를 통해 '飛行'이 가능하다는 것은 지금 현재 시인의 자아를 억압하고 있는 세계에 대한 강력한 저항인 셈이다. 더불어 '사육'에 대한 거부이며, 그것을 끊어내려는 강력한 의지인 것이다. 그러나 시집 전체를 볼 때 지금 저 담장으로 나타난 세계 또한 어쩌면 시인 스스로의 자아에 다름 아니다. 사실 '담'은 하나일 수 없다. 하나의 담을 넘으면 또 다른 담이 있을 뿐이다. 그렇게 우리는 끊임없이 그런 담을 넘어가는 존재일 것이나, 중요한 것은 지금 내 앞의 담, 그 너머에 대한 열망이다. 그것이 시인이 가지는 삶의 온도 일테니 말이다. 결국 삶은 저마다 외로운 싸움이며, 이를 통해 자신의 심연을 끊임없이 상상하고 걸어 나간다. 때 묻고 낡아가는 자신에 대한 반성이며 성찰이며 진정한 자아에 도달하는 방향성은 세계가 아니라 나 자신이라는 것을 확인하게 된다. 그런 점에서 다음의 시를 주목해볼 필요가 있다.

누구나 그림에 관해 이야길 했다
알 수 있는 그림과 알 수 없는 그림에 관해

어떤 이는 숲을 끝없이 덧칠했고
어떤 이는 나선형의 계단을 그렸다
말 머리에 사자의 다리가 있는 그림
꽃에서 여우가 나오는 그림
숨은 그림을 찾는 것처럼 사람들이 모여들었다
새로워, 새로워, 새로움에 목맨 자들
한 때의 화공들이 미지를 향하여 달려갈 때
진부하기 그지없는 꽃을 어머니를
그리고 또 그리는 이도 있었다
그림이 그려지지 않는다고,
매일 그리지만 모두가 쓰레기라고,
울었고 웃었고 비꼬고 뒤집고
그림만이 모든 것을 지배하는 별천지 같았다
고흐의, 렘브란트의 마성을 훔쳐올 수만 있다면
영혼이라도 팔 것 같았다

누군가 중얼거렸다
누구나 알 수 있는 그림 게다가
비평가의 입맛에도 맞는 그림을 그려야 한다고
세상과도 잘 사귀면 다된 거라고

저마다의 근심을 챙겨들고 총총히 자리를 떠나는
전혀 새로울 게 없는 그림이있다
—「화공들」 전문

이 시는 참 재밌다. 시 속의 '그림'을 '시'로 바꾸어 읽어보면 더 그렇다. '시'가 그렇다면 '삶'으로 바꾸어 읽어봐도 역시 그렇다. 또 다른 무엇으로 바꾸어 읽어도 괜찮다. 삶이 무슨 한 계절 입고 마는 패션지 옷도 아니고, 왜 우리는 우르르 한 방향으로 몰려가는가. 왜들 그러질 못해 안달인가. 시도 문학도 그러하다. 중요한 것은 '나' 혹은 '나의 것'에 있다. 새로움이라는 것도 그렇다. 과연 무엇이 진정한 새로움인가. 처음을 빼면 결국은 다 똑같아지는 것들 속에서 무엇이 새로울 수 있을까. 그 질문에 대한 답도 역시 출발은 '나' 자신으로부터 나올 수밖에 없다. 우리가 영혼을 판다면 그 역시 '나'이어야만 한다. 그것 없이 이 세계도 없기 때문이다. '나'없이 세계가 무슨 소용일 것인가. 읽는 맛이 참으로 쓸쓸하고 통쾌하다.

파란 지붕위에 앉아
연을 날린다
그 지붕위로 눈이 올거라 생각한다
어제도 아닌 오늘도 아닌
구석진 고요에 앉아
가끔 눈을 감아보는 사람
연은 왜 하늘로만 가는 걸까
마당에 누운 커다란 물고기가
떠나온 바다를 생각하는 기묘한 시간
물끄러미 생각에 잠긴다
너무 멀리 떠나왔구나
내게도 비늘이 하나 둘 몸을 덮는다
별이 뜨기 시작할 때 생각했지
내가 날리는 연을 누구도 보지 않는 것처럼

지금 내가 보고 있는 별은
아득한 옛날 바다에 닿을 수 없었던
떠돌이 별이라는 것을
누구도 아프지 않고 슬프지 않은 그림
하얀 염소 한 마리
죽은 물고기
북실을 당겨도 돌아오지 않는
꼬
리
연

—「샤갈의 연」 전문

그냥 받아들이면 되는 것들이 있다. 어떤 상처도 그렇다. 고백이 아프고 쓸쓸하지만 가슴을 울리는 것은 그 때문이다. 동의할 수 없는 것들에 대해서 끝내 싸우고 단절할 것인가 아니면 그것을 인정하고 나의 독립성을 증명할 것인지는 매우 중요하다. 시인이 찾아가려는 시적 자아의 방향성이 드러나기 때문이다. 몽환적인 느낌이 드는 이 시는 그런 점에서 역시 주목해서 읽어 볼 필요가 있다. "너무 멀리 떠나왔"다는 고백 치고는 그 과정이 너무 서정적이고 아름답다. 그것이 그 과정이 '가벼웠음'으로 읽히지는 않는다. 오히려 몇 겹의 상처를 지나왔음이기에 가능한 것으로 읽힌다. 가볍지 않고 호들갑스럽지 않음은 이미 그런 과정을 지나왔음을 말해주는 것이다. "내가 날리는 연을 누구도 보지 않"는다 해도, "지금 내가 보고 있는 별"이 "아득한 옛날 바다에 닿을 수 없었던/ 떠돌이 별"일지라도 내가 "누구도 아프지 않고 슬프지 않은 그림"처럼 여기 지금 있을 수 있는 것은 아니겠는가. 그냥 받아들인다는 것, 어쩌면 그것이 가장 어렵고 지난한 과정을 거쳐 다다른 곳에서 할 수 있는 마음일 것이다.

태양의 길을 생각하면 눈이 부셔
아직 별의 길에 머물고 있는지도 몰라

내 얼굴을 내가 볼 수 없는 것처럼
처녀자리인 늦여름에는 처녀자리별을 볼 수가 없지

열두 개의 별자리 중
내가 볼수 있는 것은 여섯 개의 별자리 뿐
반쪽이 전부인 줄만 알았어

태양 곁에 머무는 별들은 보이지 않아,
어둠이 모든 것을 삼킨 후에
네 눈물을 볼 수 있었던 것처럼

내가 볼 수 없는 여섯 개의 별자리가
너에게로 가는 징검다리인지 몰라
하나의 비밀을 치울 때마다 네 모습이 흐려져
널 안다고 말하는 순간

잔혹동화의 마지막 같은
반쪽의 배후를 들여다보고 말았지
가까이 갈수록 내가 녹아내리고 있어

끝의 시작이 환히 보이네

—「별의 길을 지나다」 전문

어떤 끝에 이르면 비로소 보이는 것들이 있다. 더불어 왜 그랬을까라는 후회, 그런 후회는 모두 내게로부터 비롯된다. 그것이 그런 과정을 거쳐 이미 나는 나를 그만큼 건너왔다는 말에 다름 아니다. 삶 속에서의 견딤의 기록이 시라고 했다. 문제는 그런 견딤이 그런 견딤을 주었던 어떤 조건들의 극복을 꼭 말하는 것은 아니라는 데 있다. 따라서 언제까지나 견딤으로만 살아갈 수는 없는 일이다. 그러나 견딤으로써 한 시절을 건너간 자는 그 다음 시절에서 다시 싸울 힘을 얻는다는 것이다. 비록 그것이 다시 견딤이 되든 아니면 소멸을 하든 중요한 것은 그런 결과가 아니라는 것도 알게 되는 것이다. 삶의 성찰이란 그런 것이 아닐까 싶다. 보이지 않는 것이 의미 있는 것은 보이는 것들을 가능하게 하기 때문이듯이, 지금의 상처와 어둠을 이해하는 것은 보이지 않는 것에 대한 이해가 진정한 이해라는 것을 알고 있는 것과 마찬가지인 때문이다. "태양 곁에 머무는 별들은 보이지 않아/ 어둠이 모든 것을 삼킨 후에/ 네 눈물을 볼 수 있었던 것처럼"말이다. "끝의 시작이 환히 보이"더라도 오늘 우리는 그 길을 갈 수밖에 없고, 그것이 김지요 시인이 진정으로 찾고자 하는 삶의 길이자 진정한 자아에 이르는 길일 것이다. 삶의 성찰이 언제나 아름답고 풍요로운 것은 아니다. 끝없이 결핍의 나를 만나는 일일 수도 있다. 그리하여 끝도 없는 상실감과 상처를 끝없이 견뎌야 하는 길인지도 모른다. 그럼에도 가는 것. 거듭 "끝의 시작이 환히 보이"더라도 멈추지 않는 것, 그것이 진정한 시인의 자세가 아니겠는가. 김지요 시인의 시에 대한 믿음은 바로 여기에 있다 할 것이다.

김지요

김지요 시인은 전남 보성에서 태어났고, 2008년 『애지』로 등단했다. 김지요 시인의 첫 번째 시집인 『붉은 꽈리의 방』은 서정의 세계이며, 이 세계 속에서 '나'라는 존재의 탐구라고 할 수가 있다. 삶과 죽음, 시간과 타자, 세계와 나 등에 대한 깊이 있는 성찰이 이루어지고, 그 성찰의 결과가 서정시의 아름다움으로 완성된 것이다. "불현듯 내 안의 퇴화된 날개가 홰를 친다/ 날자 날자 날아보자꾸나 새처럼// 붉은 울음이 낭자하다"(「비행非行, 혹은 비행飛行」).

이메일 : young-3023@hanmail.net

김지요 시집

붉은 꽈리의 방

발　행 2016년 9월 25일
지은이 김지요
펴낸이 반송림
편집디자인 김지호
펴낸곳 도서출판 지혜
　　　　계간시전문지 애지
기획위원 반경환 이형권 황정산
주　소 34624 대전광역시 동구 선화로 203-1 2층 도서출판 지혜 (삼성동)
전　화 042-625-1140
팩　스 042-627-1140
전자우편 ejisarang@hanmail.net
애지카페 cafe.daum.net/ejiliterature

ISBN : 979-11-5728-204-3 03810
값 9,000원